VIENNET

EN COURS DE PUBLICATION

CHEZ LE MÊME LIBRAIRE.

MÉMOIRES DE NINON DE LENCLOS

PAR EUGÈNE DE MIRECOURT

60 livraisons à 25 centimes, avec gravures.
18 fr. l'ouvrage complet par la poste.

OUVRAGE TERMINÉ

CONFESSIONS DE MARION DELORME

PAR EUGÈNE DE MIRECOURT

60 livraisons à 25 centimes, avec gravures
18 fr. l'ouvrage complet par la poste.

PARIS. — IMP. SIMON RAÇON ET COMP., RUE D'ERFURTH, 1.

VIENNET

LES CONTEMPORAINS

VIENNET

PAR

EUGÈNE DE MIRECOURT

PARIS
GUSTAVE HAVARD, ÉDITEUR
15, RUE GUÉNÉGAUD, 15
1856

L'Auteur et l'Éditeur se réservent le droit de traduction
et de reproduction à l'étranger.

VIENNET

Il y a plus d'un genre de célébrité.

Le personnage qui apparaît à son tour dans ce long cortége de silhouettes contemporaines que nous avons fait défiler sous les yeux du public est célèbre à sa manière.

C'est le Napoléon du ridicule.

Depuis que notre pays existe, pense et

parle, il n'y eut jamais d'écrivain, jamais d'homme public plus moqué, plus bafoué, plus turlupiné que M. Viennet, membre de l'Académie française, ex-pair de France, et poëte à ses heures de loisir.

Après avoir lu et relu les pièces du procès qui, voici trente ans bientôt, reste en litige entre cet immortel et l'opinion publique, nous ajouterons :

Il n'en est pas qui l'ait mieux mérité.

Le lecteur jugera.

Béziers, chef-lieu du département de l'Hérault, eut l'honneur de souhaiter la bienvenue en ce monde à Jean-Pons-Guillaume Viennet, le 18 novembre 1777.

On voit que notre héros est d'un âge respectable.

Mais il est homme à vivre son siècle, et, dans les promenades, dans les salons, au théâtre, partout, vous le rencontrerez ingambe et plein de verdeur.

Son père, Jacques-Joseph Viennet, fut d'abord chartreux à dix-huit ans, et chanoine à vingt ans.

Puis, — c'est monsieur son fils qui daigne nous l'apprendre avec sa légèreté voltairienne, — il jeta le froc aux orties, et changea son aumusse contre une dragonne.

Viennet père obtint une lieutenance.

Il entra dans un régiment de cavalerie

commandé par un de ses oncles, combattit à Rosbach, et fut licencié à la paix de 1763, sans pension et sans fortune.

Deux fois il se maria dans sa province.

Jean-Pons-Guillaume est l'aîné des enfants issus du second mariage.

C'était, du reste, une famille qui rappelait le temps des patriarches par le nombre de ses rejetons. Le héros de cette notice n'eut pas moins de douze frères cadets, qui suivirent, comme lui, la carrière des armes, et ceignirent leur front de très-peu de lauriers.

Mais terminons avec l'*auteur de ses jours,* comme il dit fort élégamment lui-même, dans son style académique.

La Révolution éclata.

Tout alors était dans ce cri de guerre:

« A bas les nobles! vivent les bourgeois! »

On guillotinait les premiers pour faire place aux seconds, et la France, depuis soixante ans, a beaucoup à se louer de sa nouvelle aristocratie.

Jacques-Joseph Viennet, père de l'homme qui a commis la tragédie d'*Arbogaste*, fut élu membre du conseil municipal de Béziers.

On l'envoya plus tard à l'Assemblée législative, puis à la Convention.

C'était un des rares députés honnêtes auxquels nos provinces confièrent leur mandat dans ces mauvais jours.

Au moment du procès de Louis XVI, il soutint avec énergie, malgré les sinistres clameurs de la plupart de ses collègues, une thèse où éclatait la voix de la justice et de la raison.

« Vous n'avez pas le droit, leur criait-il, d'usurper le pouvoir judiciaire. C'est un abus monstrueux dont vous allez vous rendre coupables ; c'est un crime que vous allez commettre ! »

Marat, ne pouvant rétorquer sa logique, voulut, dit-on, lui brûler la cervelle.

Ce point d'histoire est assez vraisemblable.

Notre député de l'Hérault vota pour la réclusion du roi jusqu'à la paix.

Quelque temps après, chargé de surveiller la remonte des quatorze armées de la République, il refusa vingt mille chevaux d'un seul bloc, malgré les trent mille louis de pot-de-vin que lui offrit délicatement le fournisseur.

Plus tard, il entra au Conseil des anciens, et mourut, en 1824, dans sa quatre-vingt-douzième année.

Jean-Pons-Guillaume fut un enfant précoce.

Un abbé, son oncle maternel, lui fit bégayer du latin au sortir des langes. A quatorze ans il avait terminé toutes ses études.

Sans la Révolution, qui jugeait à propos de couper la tête des prêtres comme celle des nobles, Jean-Pons-Guillaume eût suivi la carrière ecclésiastique et fût devenu très-certainement un des curés de la capitale. Il devait recueillir la succession d'un autre frère de son père, également dans les ordres, et qui se trouvait à la tête de la paroisse de Saint-Merry.

L'héritage de la cure n'était plus possible.

C'est un des rares bienfaits dont il faut remercier 93, car Jean-Pons-Guillaume eût fait un singulier ministre du Seigneur.

Il orna ses flancs d'une sabretache, et prit les allures fanfaronnes d'un soudard, ce qui convenait beaucoup mieux à sa nature hâbleuse et méridionale.

Mais, ne voulant point se résigner à la

condition de simple soldat ni passer par les grades inférieurs, il pria son père d'user de son influence pour le faire admettre d'emblée, comme sous-lieutenant, dans le corps de l'artillerie de marine.

La République de 1798 commençait à tolérer de nouveau ces passe-droit si fort reprochés à l'ancien régime.

Or Viennet père avait des principes rigides.

Il sermonna vertement monsieur son fils, et lui répondit :

— Prends un mousquet! va sur les champs de bataille, et gagne ce que tu pourras gagner par ta conduite et par ton courage.

— Mais, mon père...

— Silence! Crois-tu que je sois ici pour faire uniquement les affaires de ma famille et l'avancer quand même, au préjudice des autres citoyens?

Jean-Pons-Guillaume était né pour l'intrigue.

Il tourmenta si longtemps et si bien Truguet, le ministre de la marine, qu'il finit par obtenir la sous-lieutenance objet de son ambition.

Depuis deux ans il était au service.

Un jour, ou plutôt une nuit, les Anglais surprirent le vaisseau l'*Hercule*, et le capturèrent avec tout son équipage, après une lutte des plus sanglantes.

Notre héros se trouvait au nombre des officiers vaincus.

Les ténèbres, qui cachèrent malicieusement ses exploits, nous privent du plaisir de les raconter.

Jean-Pons-Guillaume resta sur les pontons de Plymouth jusqu'à la paix d'Amiens. On le traita fort mal. Il eut gravement à se plaindre de la manière dont la perfide Albion se conduisait envers les prisonniers français.

Du pain noir, arrosé d'eau fétide, composait toute sa nourriture, et rarement on lui permettait de quitter sa sombre casemate pour aller respirer l'air sur le pont.

Aussi voua-t-il au colosse britannique une haine irréconciliable.

Il dépasse là-dessus en férocité Chauvin lui-même, ce type aussi grotesque qu'original de nos vieilles rancunes patriotiques.

Vous l'entendrez perpétuellement répéter ce vers comme un axiome :

Crains les dons de l'Anglais ; ils sont faits par la haine !

On se rappelle sa virulente sortie de l'année dernière, à l'Institut, contre les anglomanes.

M. Viennet exècre les Saxons et les exécrera toujours, quoi qu'on dise et quoi qu'on fasse. Dans sa rancune violente et dans son mépris, il les place absolument sur la même ligne que les romantiques, les républicains et la Société de Jésus :

Néanmoins la démocratie ne fut pas toujours pour Jean-Pons-Guillaume un objet d'horreur.

Nous n'inventons rien, son histoire est là pour appuyer nos assertions.

A peine a-t-il revu sa patrie, grâce aux victoires de Bonaparte, qu'il se pose brusquement et sans dire gare en républicain farouche.

Il vote contre le consulat à vie, et, plus tard, contre l'Empire.

Cette conduite n'est pas faite pour lui attirer les bonnes grâces de Decrès, qui a remplacé Truguet au ministère de la marine.

Le jacobin Viennet a la naïveté de se plaindre.

Mais l'oreille du pouvoir est insensible. On laisse plus d'un an vacante une place de capitaine qui lui revient de droit.

Il se fâche, crie, tempête contre le despotisme impérial; mais on lui insinue délicatement, de la part du ministre de la police, que de bons et solides verrous sont tout prêts, s'il ne veut pas se taire, à garantir dorénavant son silence.

Après les pontons, le cachot politique : la perspective manque de charme.

Les mécomptes de Jean-Pons-Guillaume lui inspirent de sages et judicieuses réflexions. Il cesse de clabauder contre l'Empire et jette le bonnet de jacobin pour ne plus le reprendre.

On lui donne sa place de capitaine.

Aussitôt, et sans la moindre transition, il chante l'Empereur sur toutes les gammes.

Te suive qui pourra, César, je perds haleine !
Je sais que de nos vers ton nom n'a pas besoin ;
Que sans nous ta mémoire ira bien assez loin ;
Qu'une vie aussi pleine, un règne aussi prospère,
Feraient le désespoir et l'écueil d'un Homère ;
Mais, quand la Renommée, enflant toutes ses voix,
Remplit le monde entier du bruit de tes exploits,
Au milieu des transports que ta gloire fait naître,
De mes sens étonnés je ne suis plus le maître !
Le passé n'a plus rien que je puisse admirer,
Et nul autre que toi ne sait plus m'inspirer.

Nous avons omis tout à l'heure un fait biographique important.

Sur les pontons anglais, au milieu de brouillards éternels et d'exhalaisons marécageuses, la Muse de la poésie était venue consoler Jean-Pons-Guillaume.

Il avait pu supporter, grâce à ses caresses, les chagrins et les tortures de la captivité.

César, qui n'oubliait pas les votes hostiles de notre ex-jacobin, devenu tout à coup l'apologiste ardent de ses hautes conquêtes, ne se laissa point désarmer par cet enthousiasme lyrique.

Viennet végéta piteusement jusqu'en 1813 dans son grade de capitaine.

A cette époque eut lieu la campagne de Saxe.

Notre homme y prit part, avec tout son corps, que nos désastres maritimes permettaient de joindre aux troupes de terre:

Il reçut la croix après la bataille de Lutzen ; mais à Leipsick il fut obligé, pour la seconde fois, de rendre les armes et de rester prisonnier de guerre.

La chute de l'Empire le rendit libre.

Son premier soin fut de se rallier aux rois légitimes et de saluer leur retour.

Donnant à Pégase un coup d'éperon superbe, il s'éleva tout en haut de la sainte montagne et fit chanter à sa Muse la blancheur des lis.

On trouva les vers détestables, mais l'intention parut bonne.

Viennet, pour récompense, eut l'honneur insigne d'être élevé au grade d'aide de camp de M. de Montélégier, aide de camp lui-même de Son Altesse Royale monseigneur le duc de Berry.

Presque aussitôt survint la fantastique résurrection de l'Empire.

> N' saut' point-z-à demi,
> Paillass', mon ami!

Jean-Pons-Guillaume cache sa cocarde blanche et reprend, comme si de rien n'était, du service dans l'armée de Napoléon. Son flair politique ne va point jusqu'à sentir Waterloo.

> Mais le vl'à r'chassé,
> Vl'à l'aut' replacé :
> Viv' ceux que Dieu seconde !

Il retire de sa poche la blanche cocarde, et se hâte d'aller présenter ses hommages à M. de Montélégier, qui revenait de Gand.

— Osez-vous bien vous présenter devant moi? dit celui-ci d'un ton de colère.

— Je n'ai pas signé l'acte additionnel, je vous le proteste, murmure humblement Viennet.

— Qu'importe, si vous avez pris l'épée pour la défense de l'usurpateur?

— C'est-à-dire que je suis resté dans l'intention de mieux le combattre.

— Vous ?

— Moi-même.

En même temps, il présentait à M. de Montélégier deux brochures ayant pour titres : *Lettre d'un Français à l'Empereur sur la Constitution qu'on nous prépare*, et *Opinion d'un homme de lettres sur la Constitution proposée.*

L'aide de camp de monseigneur le duc de Berry ne daigna pas lire une page de ces deux factums et tourna le dos à Jean-Pons-Guillaume.

Le voilà privé de sa place, exclu de l'armée, sans protecteur et sans ressources.

— Allons, se dit-il, c'est à ma Muse de sauver encore une fois ma barque du naufrage. Montélégier n'est qu'un brutal et un sot. Le roi me rendra justice ; il suffit de me faire entendre du roi. Chante, ô ma Muse, chante!

On était au mois de juin 1816.

Paris se trouvait en fête à l'occasion du mariage du duc de Berry avec la princesse Caroline de Naples.

Jean-Pons-Guillaume profite de l'occasion pour rimer la cantate amusante qui va suivre.

Comme, avant tout, son but était de chatouiller l'oreille du roi, vous comprenez qu'il flatte tout d'abord Louis XVIII, avant de célébrer le royal hymen.

O rusé poëte!

Mais voici la cantate :

> C'est notre père, allons lui rendre hommage.
> L'auguste voix qui sort de ce palais
> N'annonce plus la guerre et le carnage;
> C'est un signal de bonheur et de paix.

> Quelle illustre race
> A tant de bonté
> Unit plus de grâce
> Et de majesté?

Deux fois son absence
Causa nos malheurs,
Deux fois sa présence
A séché nos pleurs.

La paix, la victoire,
L'ornent tour à tour;
Huit siècles de gloire
Fixent notre amour.

Quelle est cette aimable étrangère?
Je sens déjà qu'elle m'est chère.
Ainsi qu'à mon regard elle plaît à mon cœur.
. . . .
Elle revient s'unir au sang dont elle est née,
Et, fille des Bourbons, nous aimera comme eux.

Son hymen fait notre espérance,
Qu'il soit payé de notre amour.
Les fils qu'il promet à la France
Sur nos fils régneront un jour.
. . . .
Ils seront dignes de leur père,
De nos aïeux et de nos rois...

Et cœtera !

Nous croyons que de pareilles citations peuvent donner à nos lecteurs une haute idée du génie poétique de Jean-Pons-Guillaume, ce futur adversaire des romantiques et de l'audace du rhythme.

Louis XVIII eut l'indélicatesse de ne pas jeter des cris d'admiration.

Nulle faveur de la cour ne récompensa ces strophes brillantes, et notre héros, pour vivre, fut obligé de se faire journaliste. On le chargea du compte rendu des Chambres dans le *Journal de Paris*.

Sa position précaire ne fut pas de longue durée.

Tout méchant poëte qu'il était, Jean-Pons-Guillaume avait un physique orné de quelque agrément.

Aux yeux des femmes, une figure passable rachète bien des mauvaises rimes.

Viennet fit un mariage avantageux, qui lui assurait une belle et large indépendance.

L'épouse avait cinq ou six ans de plus que l'époux, mais elle possédait vingt mille livres de rente [1].

Quelle aubaine !

Jean-Pons-Guillaume peut, dès lors, en toute sécurité, se lancer dans l'opposition et dire leur fait à ces rois malappris qui laissent impertinemment sans réponse la cantate du 19 juin.

---

[1] Madame Viennet vit encore. Son grand âge l'a rendue aveugle.

Sa rancune est d'autant plus vive, que, peu de jours après la publication de cette cantate, il a trouvé moyen de faire remettre directement au roi un autre chef-d'œuvre poétique, destiné à le fléchir.

Pourquoi n'en citerions-nous pas une bribe?

Nos derniers neveux peuvent-ils trop connaître le talent littéraire des antagonistes de Lamartine et de Victor Hugo?

Je te bénis, Louis, tu sauves la patrie!
. . . .
Du glorieux Louis secondons la sagesse ;
Des ennuis de l'exil consolons sa vieillesse ;
Charmons par nos accords les ennuis du pouvoir;
De sa vie orageuse embellissons le soir.
. . . .
Que dis-je? Le Français, pleurant son imprudence,
Ne croit plus au bonheur que promet la licence;

> Il sait, et nos malheurs nous l'ont redit assez,
> Que de leur trône en vain les rois sont renversés ;
> Qu'un État populaire en proie à des caprices
> Toujours à des tyrans est livré par ses vices,
> Et que la liberté ne reprend tous ses droits
> Qu'au pied d'un trône heureux et fondé sur les lois.

Jean-Pons-Guillaume passa du *Journal de Paris* au *Constitutionnel*.

Cette dernière feuille servait alors de quartier général à bon nombre de faiseurs littéraires, jadis aux gages de la censure impériale, savoir : les Arnaud, les Jouy, les Tissot, etc.

Tous avaient retourné leur casaque

Notre spirituelle patrie les acclamait comme de grands citoyens.

Viennet, grâce à sa fortune, devient

tout de suite, au milieu du parti libéral, un personnage d'importance.

Il débute comme auteur tragique vers la même époque, et fait jouer successivement au Théâtre-Français *Clovis* et *Arbogaste*.

On connaît la chute honteuse de ces deux pièces.

Le soir où la première succomba sous le haro d'une salle inflexible, le journaliste Réné Perrin rencontra l'auteur à la sortie du théâtre et crut devoir lui adresser, au sujet du décès de l'œuvre, son compliment de condoléance.

— Une autre fois, lui dit-il, vous serez plus heureux, car une bataille perdue forme le soldat; les revers apprennent à vaincre.

— Eh! s'écria Jean-Pons, la pièce est excellente! Mais cet *imbécile* de Talma n'écoute rien. C'est lui, je vous le proteste, c'est lui seul qui a compromis le succès. Au lieu d'entrer en scène avec une hache sicambre, longue et pesante, il est sorti de la coulisse avec une petite javeline élégante et coquette, véritable hache de société bonne à casser du sucre!

— Et vous croyez que cette javeline...

— Parbleu!... Dès ce moment, le public n'a plus rien compris à l'ouvrage, et, quand le public ne comprend pas, que voulez-vous qu'il fasse? Il siffle.

Arbogaste eut un destin plus cruel encore.

Jamais, de mémoire d'homme, tragédie n'excita des rires plus olympiens. On ne sifflait pas, on se tenait les côtes.

Ces deux échecs ne purent déconcerter Viennet, ni lui enlever le sentiment de son propre mérite. Comme tous les hauts et sublimes génies, comme César, comme Napoléon, comme le Corrége et comme Christophe Colomb, il a la conscience instinctive de sa force.

Ne cherchez pas à lui apprendre ce qu'il vaut.

Il a regardé son talent face à face, il sait son moi sur le bout de l'ongle.

Aussitôt après la chute d'*Arbogaste*, il

proposa très-sérieusement au Théâtre-Français de se charger de la fourniture exclusive des tragédies.

Notre homme voulait passer un marché d'alexandrins, comme on passe un marché d'huile ou de chandelle.

— Rien de plus simple, disait il; on représentera chaque semaine, un jour du Molière, un jour du Corneille, un jour du Racine et quatre jours du Viennet.

La Comédie-Française fut assez inepte pour refuser une proposition si avantageuse.

Obligé par le mauvais vouloir et l'injustice des sociétaires à renoncer définitivement au théâtre, Jean-Pons-Guillaume n'en eut que plus de loisirs pour se livrer au commerce des chastes sœurs.

Il revint à la poésie politique, accouchant sous le premier prétexte venu tantôt d'une épître et tantôt d'une satire.

Aujourd'hui, c'était l'insolence des Jésuites qui stimulait sa Muse.

Demain, c'était l'apparition des pères Capucins.

Puis il célébrait la recomposition de l'armée par Gouvion-Saint-Cyr, ou saluait la loi d'amour par sa fameuse *Épître aux chiffonniers*.

Cette dernière œuvre eut son châtiment.

Viennet avait été réintégré dans le

corps royal de l'état-major. Il était même parvenu, en 1825, à l'ancienneté, au grade de chef d'escadron.

Mais son épître vint tout démolir.

Le ministre de la guerre [1] était un mauvais compagnon qui entendait fort mal la raillerie.

Par ses ordres, on raya M. Viennet des contrôles.

Vengeance, ô ma Muse!

Et tout aussitôt l'*Épître aux Grecs* est lancée comme un caillou dans les jambes du pouvoir. Il semble que Jean-Pons-Guillaume progresse en art poétique.

[1] M. de Clermont Tonnerre.

Voici trois vers admirables que nous exhortons les professeurs à offrir, dans tous les colléges, comme modèles d'harmonie imitative.

Il s'agit de peindre les vagues occupées à rouler des corps humains, absolument comme si elles avaient affaire à de simples galets.

Le poëte s'adresse aux modernes Hellènes :

Attendez-vous encor que la mer d'Ausonie,
Que la mer de Tyrène et la mer d'Ionie
Traînent de vos enfants les troncs ensanglantés?

Les deux premiers vers imitent le bruit des flots qui se heurtent, et le troisième vous les montre expirant sur la grève. C'est magnifique.

On doit rendre justice à tout le monde, même à M. Viennet.

Ce diable d'homme faisait pleuvoir des épîtres.

Après celles que nous avons déjà citées, il en écrit une *à Charles X*. Est-ce la dernière? Non vraiment : l'*Épître à don Miguel* lui succède. Jean-Pons-Guillaume se garde bien de laisser passer sans épître la nouvelle de l'accident arrivé à ce monstre royal en dressant un attelage.

Il continue d'adresser des épîtres à Pierre, à Paul et à Jacques ; puis les ailes de son inspiration deviennent beaucoup plus larges, et nous le voyons monter jusqu'au ciel du poëme épique.

Ah! mon Dieu, oui!

Si vous n'avez pas lu son poëme de *Parga*, c'est un avantage que vous avez sur nous. Quant à son poëme du *Siége de Damas*, laissez-le tranquillement dormir dans la poudre des bibliothèques.

« Il n'est pas bon, ma conscience m'oblige à le déclarer, » dit Viennet lui-même dans son autobiographie du *Dictionnaire de la Conversation*.

Mais pour son poëme de *Sédim ou la Traite des nègres*, c'est autre chose.

« Je dirai encore avec la même franchise, écrit Jean-Pons-Guillaume, qu'il y avait de l'intérêt et de la poésie. »

Pas si bête!

S'humilier à droite pour s'élever à gauche est un assez bon système.

Croyez-vous, lecteur, être au bout de cette longue énumération des ouvrages de M. Viennet? Par exemple! Il est impossible de vous laisser ignorer qu'il a commis un poëme en vingt-six chants et nous ne savons plus combien de mille vers, intitulé la *Philippide*.

O le plaisant esprit d'un poëte *intrigant*,
Qui, de tant de héros, va choisir Childebrand!

N'importe, c'est l'œuvre favorite de Jean-Pons-Guillaume. Avec elle il ira sûrement au temple de Mémoire.

Ah! c'est lui qui l'affirme!

« Ce poëme revivra, quoi qu'on dise.

Il n'est pas vrai qu'on l'ait tué et qu'il ait mérité de l'être. »

Jean-Pons lève le masque et ne se montre plus modeste.

Or ce n'est pas tout.

Bientôt il fait paraître un volume de prose et de vers intitulé : *Promenades philosophiques au Père-Lachaise.* Il écrit, en outre, une *Histoire des guerres de la Révolution dans le Nord.*

Que cette fécondité prodigieuse ne surprenne personne. Elle existe chez M. Viennet à l'état de maladie chronique et d'infirmité sans remède.

Il lâche quotidiennement le robinet du

vers avec une profusion diurétique : vers brutal, banal, trivial, prose abominablement rimée, qu'il décore des noms pompeux de tragédies, d'épîtres et de poëmes : tragédies à la livre, épîtres à la rame, poëmes au boisseau. Demandez, messieurs, faites-vous servir !

Notre rimeur lui-même se livre à un calcul bien propre à nous glacer d'épouvante.

— Je puis, dit-il, faire aisément, pendant toute ma vie, quatre mille vers par mois, c'est-à-dire cent trente trois vers par jour.

Et nous avons dit qu'il vivrait son siècle. Frémissez !

Plus de vingt ans encore, il vous inondera de ce déluge. Il est vrai qu'il ajoute avec une humble candeur :

— Je ne dis pas qu'ils seront tous bons ; mais ce seront des vers comme ceux de Racine.

On ne nous accusera pas de répéter souvent les mêmes anecdotes. Il en est une, toutefois, sans laquelle ce petit livre serait incomplet. Nous prions nos lecteurs de la saluer par le *bis repetita placent*.

C'était à Sainte-Pélagie, au bon temps où la Restauration y tenait en cage notre Béranger.

Viennet, un jour, alla par hasard lui rendre visite.

Nous disons par hasard, vu qu'il n'estimait le chansonnier populaire que d'une façon très-médiocre. Cela était dans l'ordre : Béranger faisait à peine un chef-d'œuvre tous les deux mois.

Jean-Pons-Guillaume avait donc été conduit là par trois amis du poëte.

Au milieu de la conversation, il prit un accent demi-sérieux et demi-goguenard pour dire au détenu :

— Eh bien, nous avez vous fait quelque petite chanson?

Béranger sourit, de ce sourire que vous savez, du sourire de la Fontaine et de Benjamin Constant. Puis, se tournant vers les autres visiteurs :

— Il croit, en vérité, dit-il, qu'une chanson se fait comme une tragédie!

Les œuvres poétiques de M. Viennet,
— car il faut enfin les juger autrement
que par des phrases plaisantes, — sont
remarquables surtout par l'intrépidité de
la cheville et par l'abondance de ces mots
impossibles et démesurément longs qui
réussissent toujours, à deux ou trois qu'ils
se mettent, à produire un vers délicieusement plat et lourd.

Sa période est enflée comme la poitrine
d'un asthmatique imprudent qui veut se
mettre au pas de course.

On doit admirer aussi la science heureuse de ses périphrases.

M. Viennet ne dit pas le chameau, mais
bien le *patient compagnon de l'Arabe au
désert.*

Il ne dit pas : J'ai tué d'un coup de fusil une perdrix ; mais *un plomb lancé d'une main vigilante atteignit la perdrix dans sa fuite.*

Sans compter le vieil attirail des mots de la Fable : le *Parnasse,* — le *Pinde,* — le *Permesse,* — le *Léthé,* — *Pégase,* — *Apollon,* — l'*Olympe,* — l'*Hélicon,* — l'*Hypocrène,* le tout employé de la façon la plus grave et la plus solennelle.

Ce bizarre écrivain n'a pas avancé d'une ligne depuis 1810.

De là sa haine furibonde contre les audacieux qui donnent à la période une allure nouvelle et franche, en déchirant ces haillons du style dans lesquels il se drape.

On se permet de changer le vieux langage classique de Jean-Pons-Guillaume : voyez le crime !

Si nous voulions raconter ici tous les traits de vanité bouffonne de notre héros, où en serions-nous, juste ciel! et que dirait l'éditeur des *Contemporains*, en voyant quadrupler son volume ordinaire?

A l'époque où Jean-Pons était membre du comité de lecture du Gymnase, il dit un jour à ses collègues :

— Messieurs, vous pouvez me rendre un véritable service.

— Lequel? Parlez, lui répondirent-ils, ignorant de quoi il s'agissait.

— J'ai fait une tragédie, messieurs, et

je l'ai lue avant-hier chez le duc de M***. Tout le monde a pleuré, tout le monde, je vous l'affirme. Eh bien, je l'ai lue hier à la Comédie-Française, et tout le monde a ri! Comprenez-vous cela? Je veux que vous en écoutiez vous-mêmes la lecture, afin d'avoir votre sentiment. Voltaire, après tout, n'était pas un sot, messieurs, et il ne savait pas faire de comédies. A la rigueur il se pourrait donc que je n'eusse pas le génie tragique. Soyez mes juges, et venez demain matin déjeuner chez moi. Vous entendrez mes vers.

Ils promirent de s'y rendre.

Mais le coup d'œil qu'ils échangèrent entre eux laissait voir que la promesse était dénuée de franchise.

Le lendemain, pas un seul ne se trouvait au rendez-vous.

Chacun aurait cru payer son écot trop cher.

En sorte que l'infortuné Jean-Pons, faute de juges compétents, en est à se demander encore aujourd'hui :

— Suis-je un tragique ou un comique?

A sa place, nous saurions parfaitement que répondre. Toutes les queues-rouges ne sont pas au théâtre,

Et Jocrisse, parfois, se promène à la ville.

Un autre jour, au foyer de l'Opéra, devant Merle et plusieurs autres journalistes, M. Viennet, se posant en orateur, et voulant démontrer à ces messieurs qu'il n'était point un écrivain de la veille, leur apprit qu'il cultivait déjà les belles-lettres au milieu des camps, ni plus ni moins que Polybe, Xénophon et le poëte allemand Kœrner, qui se battit contre les Français.

— A Lutzen, disait Jean-Pons, je portais sur moi mes tragédies d'*Arbogaste* et de la *Mort de César*.

— Quel surcroît de bagages! murmura perfidement un des journalistes.

Viennet n'entendit point ou fit la sourde oreille.

— Une balle, continua-t-il, vint me frapper en pleine poitrine. Elle se perdit dans les feuillets de mes manuscrits, et le lendemain je la retrouvai au milieu de la scène des conspirateurs méditant l'assassinat du héros des Gaules.

Il se frotta les mains d'un air joyeux et conclut en ces termes :

— Vous le voyez, messieurs, la *Mort de César* m'a sauvé la vie !

— Cela prouve que vos tragédies sont bonnes en temps de guerre, lui répondit Merle.

Reprenons le fil biographique. La peinture de notre personnage et de ses ridicules nous en écarte un peu trop.

Nous sommes en 1827.

Depuis son entrée au *Constitutionnel* Jean-Pons-Guillaume a fait un rêve qu'il cherche par tous les moyens possibles à changer en réalité. La gloire des lettres lui échappe, il veut se raccrocher à la gloire politique.

Béziers, sa ville natale, où il se porte candidat, le choisit pour la représenter au palais Bourbon.

Il vote l'adresse des deux cent vingt et un.

Sa présence à la Chambre n'intimide en aucune sorte le pouvoir. On sait qu'il est du parti orléaniste et qu'il se rend aux secrètes conférences du Palais-Royal; mais on ne le regarde pas comme dangereux.

Au moment de la Révolution de juillet, Jean-Pons chasse à quinze lieues de Paris, « atteignant çà et là dans leur fuite quelques perdrix et quelques lièvres, par un plomb lancé d'une main vigilante. »

Il n'éprouve pas le désir d'apporter sa tête comme enjeu à la terrible partie qui se décide alors.

— Ma foi, dit-il à ses intimes, le plus sûr est de se conformer aux ordonnances!

La défaite des ministres et du roi lui semble si peu probable, qu'il écrit à Étienne:

« Je ne pense pas que l'opposition doive s'abstenir aux élections prochaines. Elle peut encore compter sur quatre-vingts voix au moins. »

Tout à coup le télégraphe apporte la nouvelle de la victoire du peuple.

Pont-Guillaume accourt.

Il se montre sur les barricades encore fumantes avec l'arme anodine qui vient de lui servir à massacrer des perdreaux, et ne dissuade pas le moins du monde ceux qui se figurent qu'il en a fait usage pour envoyer des balles aux gardes du corps.

On le voit, sur toute la ligne, fraterniser avec les vainqueurs.

Le 31 juillet, c'est lui qui se charge de lire, au balcon de l'Hôtel de Ville, la proclamation du duc d'Orléans, lieutenant général du royaume.

Vivent nos amis du Palais-Royal! A Philippe la couronne, morbleu!

> C'est notre père, allons lui rendre hommage.
> L'auguste voix qui sort de ce palais
> N'annonce plus la guerre et le carnage,
> C'est un signal de bonheur et de paix.

Son ancienne cantate peut s'adresser à la nouvelle dynastie. C'est absolument comme les devises à bonbons, qui servent à tous les confiseurs.

Dès les premiers jours du règne de l'ordre de choses, Viennet se plonge résolûment dans les centres et fait cause commune avec les ventrus.

Une fois dans les rangs de cette majorité compacte de bourgeois satisfaits, partisans quand même d'une politique toute de corruption, notre homme essaye de croquer du gâteau de Juillet la plus grosse part possible.

Il joue près de Casimir Périer le rôle de la mouche du coche, ayant l'air d'être son bras droit et se donnant une importance grotesque.

On a dit que ce ministre avait eu l'intention de le nommer préfet de police.

Mais c'est un bruit que Jean-Pons a fait courir.

Périer se connaissait beaucoup trop dans le choix des personnages qu'il mettait en œuvre pour commettre une semblable bévue.

Déjà ridicule au théâtre, M. Viennet ne tarde pas à l'être à la Chambre.

Seulement il commence par se rendre odieux.

Entonnant à la tribune un dithyrambe en l'honneur de la corruption, il ose porter aux nues la police secrète et prôner sans vergogne les services rendus au gouvernement par la *clef d'or*.

Il fait, en un mot, l'apologie complète de l'immoralité.

Le président des ministres meurt du choléra. Des troubles éclatent. Viennet demande contre leurs auteurs une punition prompte, énergique, en dehors de tout concours des tribunaux.

Ce fut alors qu'il poussa le célèbre cri d'alarme :

« Messieurs, la légalité nous tue! »

Dans sa philippique il y avait du bon. Le passage suivant, par exemple, ne manque pas d'une certaine vérité :

« Sur trente-deux millions de Français,

disait Jean-Pons, il en est trente et un millions qui désirent le repos à tout prix, qui donnent leurs enfants et leurs os à tous les gouvernements que leur impose la fortune; qui, depuis quarante ans, obéissent à tout le monde. Un autre million d'individus s'entre-choquent, se débattent et disposent de l'État selon que le sort en décide. Tout le reste est une masse inerte et passive. »

Malheureusement la conclusion de l'orateur : « Plus de légalité! Fourrons tout en prison! » n'était pas admissible.

Après le tumulte provoqué par cette harangue, Laffitte s'approcha de notre homme et lui frappa sur l'épaule.

— Faites-nous des tragédies, monsieur

Viennet, lui dit-il, faites-nous des tragédies !

Ce mot du célèbre banquier prouve qu'il ne portait pas un intérêt bien vif à notre littérature nationale.

Dès ce jour, comme on dit vulgairement, ce pauvre Jean-Pons ne fut plus à la noce. On l'accabla de quolibets, on lui lança mille turlupinades à la tête, on l'inonda d'un véritable déluge d'épigrammes.

On vit se signaler dans cette interminable agression à coups d'épingles le *Charivari*, la *Caricature* et le *Corsaire*.

Le malheureux ventru n'avait ni repos ni trêve.

Son inamovible redingote verte devint aussi célèbre que l'énorme cravate du docteur Véron devait l'être plus tard.

Messieurs du *Corsaire* prétendirent que le discours de Casimir Périer, dans la discussion du budget de 1832, avait été rédigé par son ami V..., et que ce service de plume avait coûté mille écus.

Eugène Briffaut, le lendemain, voit apparaître la fameuse redingote verte au bureau du journal.

— Le rédacteur en chef, s'il vous plaît? dit Jean-Pons en saluant.

— C'est moi.

— Je suis monsieur Viennet.

— Fort bien; je vous en fais mon compliment! Qu'y a-t-il pour votre service?

— Je viens vous prier de déclarer, dans votre plus prochain numéro, que le V... d'hier ne me concerne pas.

— Eh ! monsieur, dit le rédacteur en chef, à quoi bon? Vous savez que le *Corsaire* vous nomme toujours en toutes lettres.

— C'est vrai, dit Pons-Guillaume d'un ton mélancolique; vous avez la bonté de vous occuper souvent de moi. Vous donnez de mes nouvelles à ma famille.

Nous avons oublié de dire qu'à la fin de 1830 l'auteur de la *Philippide* avait été promu à l'Académie française, en remplacement du comte de Ségur.

Et le candidat adverse était Benjamin Constant ! Viennet l'emporta sur lui.

Proh pudor!

Il eut toutes les voix de la docte assemblée, à l'exception d'une seule. C'était la voix de Paul-Louis Courier.

Viennet, se conformant à l'usage, avait fait une visite à Paul-Louis.

— Comment vous portez-vous? lui demanda-t-il en entrant.

— Je me porte bien, répondit l'auteur des *pamphlets*; mais je ne vous porte pas.

Royer-Collard lui-même donna son vote à Pons-Guillaume. Comme on lui en manifestait une grande surprise, il s'écria :

— Que voulez-vous? Je sais que Benjamin écrit admirablement; mais Viennet *pense* mieux.

Ceci prouve que ce n'est pas d'hier seulement que l'Académie, notre haute et suzeraine dame, manque au but formel de son institution, foule aux pieds les convenances, et se prostitue au vampire politique.

Ses veines, sucées par le monstre, n'auront bientôt plus une seule goutte de sang littéraire.

Jean-Pons-Guillaume, essayant de se justifier de la scandaleuse préférence qu'il avait réussi à obtenir sur Benjamin Constant, lâcha cette phrase absurde :

« Je ne me suis pas abstenu, parce que

le comte de Ségur, mon ami le plus cher, m'avait fait jurer solennellement, à son lit de mort, de le remplacer sur le fauteuil académique. »

Oh! ce bon temps de l'orléanisme, avec toutes ses sottises, avec toutes ses lâchetés, avec toutes ses impudeurs!...

Mais, chut! il y a des gens qui travaillent à nous le rendre.

Le triomphe académique de Jean-Pons amena, comme bien vous le pensez, une recrudescence terrible de persécution de la part de la presse.

La *Tribune* accusa notre héros de toucher deux mille francs par mois d'indemnité ministérielle sur les fonds secrets.

Était-ce une calomnie? C'est possible.

Mais la *Tribune* soutint son dire.

Dans un nouvel article, elle attaqua plus violemment encore le député de l'Hérault, et traita la Chambre de *Babylone impure*, de *grande prostituée*.

Viennet, qui, jusque-là, n'avait opposé aux sarcasmes qu'un flegme imperturbable, eut le mauvais esprit de changer de manière.

Il se fâcha tout rouge.

Oublieux des traditions paternelles, et devenant de plus en plus l'homme de l'anti-légalité, il cita l'auteur de l'article à la barre du Corps législatif.

Les conseils pourtant ne lui manquèrent

pas. Mais, nous l'avons dit plus haut, Jean-Pons est têtu. Pendant sa vie tout entière, il a constamment suivi son jugement boiteux, au lieu de s'appuyer sur celui des autres. Ce fut donc en vain que Berryer lui cria :

— Prenez garde : vous empiétez sur le jury !

Notre homme ne voulut rien entendre. Il était trop en colère.

L'accusé, M. Lyonne, défendu par Godefroy Cavaignac et par Armand Marrast, ne trouva pas grâce aux yeux de la Chambre.

Jugeant dans sa propre cause, elle le condamna à dix mille francs d'amende et à trois ans de prison, qu'il alla purger à Clairvaux.

M. Viennet se récusa, comme accusateur, au moment du vote.

Or personne ne fut dupe de cette apparence de générosité, car on l'avait vu travailler trop manifestement à la victoire.

Durant tout le procès, il courut les centres, encouragea les timides, exhorta les indécis, démontra victorieusement qu'on l'avait outragé dans son honneur, et que son honneur, en cette circonstance, était celui de la Chambre. Bref, il usa de toute son influence, et parvint à monter la tête à ces députés de la niaiserie et du ventre, que la presse de l'opposition appelait alors d'un nom générique, les *Viennet*.

Toujours on doit garder quelque mesure, même dans la vengeance et dans la haine.

Voilà ce que Jean-Pons ne comprit pas. Aussi fut-il cruellement puni quand arriva la fin de la session.

M. Thiers venait d'être hué et charivarisé dans le Midi.

Les présages étaient menaçants pour notre héros. Tout l'invitait à résister aux charmes de la villégiature, et à passer à Paris ses vacances.

Point. Viennet prend la voiture, et le voilà parti pour la terre natale.

A Béziers, sauf quelques sifflets, l'accueil est assez convenable. Notre homme s'imagine que sa popularité n'a rien perdu dans la province, et qu'on ne songe à lui donner ni de la casserole ni du chaudron.

C'est le cas ou jamais de se montrer partout.

Jean-Pons a la fantaisie inconcevable de tenter une excursion dans le département des Pyrénées-Orientales, cette contrée inféodée aux Arago. Son outrecuidance lui fait espérer là quelque ovation tout à la fois flatteuse pour sa personne et pour le système.

Donc il prépare ses malles.

A peine a-t-il assuré sa place à la diligence, que les *bousingots* du pays, bien et dûment pourvus de crécelles, de tams-tams et de trompettes, se hâtent de retenir les autres places.

Impériale, intérieur, coupé, tout est rempli par la bande hostile. Sept ou huit des plus intrépides se sont même fourrés sous la bâche.

Pons-Guillaume ne voit rien, ne devine rien. Son aveuglement ne s'explique pas.

On attendait que la voiture fût assez éloignée de la ville pour que le martyr politique ne pût songer à y retourner pédestrement.

Tout à coup il tressaille et se bouche les oreilles.

Une musique effroyable éclate.

Cornets, tams-tams, trompes et crécelles crient, mugissent, hurlent à l'envi l'un de l'autre, sur les gammes les plus folles et les plus discordantes.

La voiture entière est un affreux orchestre, et dans le coupé même où se trouve Jean-Pons, — ô comble de l'irrévérence politique! — deux cornets à bouquin lui sonnent à bout portant d'abominables fanfares.

Jusqu'au chef-lieu, ce fut une odyssée burlesque, un vacarme sterling, que la plume ne saurait décrire.

Pons-Guillaume se montra sublime de morgue impassible.

Tranquillement pelotonné dans son coin, il ressemblait à l'idole du Psalmiste : il avait des yeux et ne voulait pas voir, des oreilles et ne voulait pas entendre.

Mais, au relais d'Estagel, ce fut une bien autre histoire.

Estagel est un joli bourg, d'une physionomie calme et toute débonnaire. Hélas! fiez-vous donc aux apparences!

Descendue de voiture, la victime de nos bousingots a profité d'une demi-heure de répit pour intéresser le maître de poste à sa position critique.

Celui-ci lui prête sa chambre, et Viennet s'y enferme.

L'infernal concert ne résonne plus.

Heureux de se reposer le tympan, notre homme pense que ses ennemis vont retourner à Béziers et le laisser en repos, quand soudain, devant sa fenêtre et sous le balcon même de sa chambre, il entend une psalmodie frénétique exécutée par des basses-tailles doublées du talent de soprano le plus étrange, et qui passent d'une octave à l'autre avec une rapidité merveilleuse.

La symphonie ébranle les vitres, éveille les échos du bourg et attire les curieux, qui se livrent à un accès de fou rire.

Elle est tout simplement exécutée par une députation des ânes du pays, brayant à qui mieux mieux sous les coups de fouet qui leur tombent sur l'échine, drus comme grêle.

Il y en a bien cinq cents, peut-être mille : ânes de toutes les conditions et de toutes les couleurs, maigres ou dodus, jeunes ou vieux, gris, noirs, argentés, blancs, roux, bâtés et chargés du panier double, en costume de cérémonie enfin, pour mieux fêter Jean-Pons-Guillaume.

Le chantre des mules de don Miguel se décide à faire tête à l'orage. Il se montre au balcon, l'enthousiasme redouble.

Hi han! — Hi han! — Hi han!

C'est à ne plus entendre Dieu tonner.

Notre devoir d'historien nous enjoint d'apprendre au lecteur que cette atroce plaisanterie avait été conçue et menée à bonne fin par Étienne Arago.

Vous pensez quel retentissement la chose eut à Paris !

Grands et petits journaux se gaussèrent toute une semaine du malheureux Jean-Pons. On raconta l'aventure avec le plus grand soin ; les rédacteurs n'omirent aucun détail, et la France entière éclata de rire comme les bourgeois d'Estagel.

Rappelant lui-même ce bizarre incident de sa vie, notre héros l'accompagne de cette réflexion philosophique :

« J'aurais fait ma fortune en trois mois, si je m'étais montré derrière un rideau, à côté de la femme géante. »

Il ne se reconnut pas tué par ce comble de ridicule.

Tout le pays riait encore aux larmes, qu'il manifesta de nouvelles prétentions politiques et littéraires. Il portait haut le front, se donnait une contenance audacieuse, bravait ses détracteurs de la parole et du regard, demandait à haute voix la pairie comme récompense de son dévouement au Système, publiait le *Château Saint-Ange* et la *Tour de Montlhéry*, deux romans plus que médiocres, et faisait jouer sa comédie des *Serments*.

— Croiriez-vous, disait-il à Berryer, que je reçois tous les matins plus de quinze lettres, où l'on me promet la guillotine dans le style des chiffonniers?

— Parbleu! vous leur avez écrit : il

est tout simple qu'ils vous répondent!
riposta l'honorable légitimiste.

Nous allons dire une chose qui semblera
prodigieuse; mais, au sein même de l'A-
cadémie, Jean-Pons-Guillaume trouva
moyen d'être ridicule. Il se plaça résolù-
ment à la tête de trois immortels qui de-
mandaient à cor et à cris, presque à chaque séance, une importante et judicieuse
réforme dans le dictionnaire.

Ces messieurs voulaient que l'I et le J
fussent mêlés ensemble, et que ceux qui
chercheraient la lettre U trouvassent en
même temps la lettre V.

Qu'en dites-vous?

Ils s'intitulaient eux-mêmes le *parti de
la résistance abécédaire*.

Étienne et Baour-Lormian composaient avec Pons-Guillaume ce trio curieux, stupide avec orgueil et classique en diable.

Encore aujourd'hui l'auteur de la *Philippide* n'oublie pas la fine et spirituelle repartie de Béranger.

Depuis trente ans, sa rancune persiste et se montre toujours plus vivace. Quand il parle du bonhomme et de ses œuvres, il ne trouve ni assez de paroles méprisantes ni assez d'injures.

— Vous n'aurez pas ma voix, dit-il à Tissot quand ce dernier voulut être académicien.

— Allons donc! c'est une plaisanterie!

— Non vraiment, je voterai contre vous, et des deux mains, corbleu !

— Mais pourquoi cela, mon cher ?

— Parce que vous avez forfait au bon goût, aux saines doctrines ; parce que vous avez follement exalté un petit faiseur de chansons, dont le recueil, avant dix ans, sera sur tous les quais de Paris.

Et le journalisme, là-dessus, de pousser de nouveaux éclats de rire, qui se communiquaient aux échos de la presse de province. Celle-ci ne manquait pas de répéter tous les axiomes de ce genre, tombés des lèvres immortelles de Jean-Pons-Guillaume.

Sa burlesque célébrité croissait, croissait encore.

On le retournait dans tous les sens, on l'examinait à la loupe, on l'attaquait avec tous les acides.

Un jour, on révéla ses prétentions généalogiques.

Véritablement elles sont curieuses.

Notre héros se vante de descendre des anciens monarques du Béarn, ou d'un général de Didier, roi des Lombards, dont Muratori a parlé.

Peste! Il nous semble voir d'ici le général Viennet, commandant au neuvième siècle les brigades italiennes contre les barbares Francs, aux longs cheveux graissés d'huile!

Jean-Pons regrette beaucoup de n'avoir pas le portrait de cet illustre ancêtre.

On racontait bien d'autres anecdotes.

Aujourd'hui leur authenticité ne fait plus doute. Une des meilleures est celle-ci.

Le libraire de notre homme le prévient qu'un de ses manuscrits est à l'impression.

— Demain ou après, lui dit-il, je vous enverrai les épreuves à corriger.

— Inutile, mon cher, répond Viennet avec la plus adorable candeur : je coule en bronze!

Un autre jour, voulant donner une haute idée de son importance politique et des égards qu'on lui témoignait à la cour citoyenne, il se met à dire, au foyer de l'Opéra, devant plus de cinquante personnes :

— Oui, messieurs, oui, le roi, *mon auguste ami*, m'a fait appeler hier !

Jugez si les mystifications, après cela, suivaient leur cours.

A Béziers, on faillit mettre obstacle à sa réélection en propageant le faux bruit de sa mort. On affirmait qu'il venait d'être tué en duel par M. Thiers, et l'on entrait dans les détails.

Heureusement il arriva lui-même démentir la nouvelle.

En 1837, il eut moins de chance.

Trouvant un vice à son élection, la Chambre eut l'indélicatesse de la déclarer nulle, sans égard aux bons et loyaux services rendus au Système par le député de l'Hérault.

— Votre *clef d'or* n'est pas un passe-partout! lui dit le président Dupin.

Mot cruel, que Jean-Pons plaça dans sa rancune à côté de celui de Béranger.

C'était aussi trop d'ingratitude.

Vraiment on devait ménager davantage cet enfant perdu de l'ordre de choses. Tant de don quichottisme valait un dédommagement.

Le pouvoir eut l'air d'y songer. Mais que fera-t-on de Viennet?

Sera-t-il dieu, table, ou cuvette?

On n'ignorait pas que son idée fixe était la pairie.

Pons-Guillaume ne tenait plus à son mandat de député. Ses oreilles tintaient encore du bruit des chaudrons. D'ailleurs, il se faisait vieux, et la chaise curule du Luxembourg lui semblait très-favorable au repos.

Il obtint, en 1839, sa promotion à la noble Chambre.

— Ma parole d'honneur, je n'avais pas demandé cela, disait-il à tout le monde, et je l'ai su, hier soir seulement, par mon portier !

Dans cette nécropole parlementaire, il fit assez piteuse figure.

On le classa parmi les *pairs à parapluie*, et l'on ne s'occupa plus de la marionnette; le rideau politique était définitivement baissé sur elle.

A l'heure où nous écrivons, notre homme renonce à tout succès en dehors de l'Académie française.

Régulièrement, aux séances annuelles, après les interminables discours, les fragments historiques, les comptes rendus, les mémoires et autres facéties de la même pesanteur, M. Viennet lit deux ou trois fables, que l'auditoire, assommé par les léthargiques morceaux qu'il vient d'entendre, trouve charmantes par comparaison.

Toutefois, il faut être juste, quelques-unes de ces fables ont de l'esprit et du mordant ; mais le sel en est presque toujours grossier.

Quant au style, on n'en parle pas.

Deux nouveaux essais dramatiques de Jean-Pons appartiennent à cette dernière période.

C'est d'abord la *Course à l'Héritage*, comédie en cinq actes, jouée sans beaucoup de succès à l'Odéon, vers 1847 ; puis, *Michel Brémont*, drame en vers, représenté sur la scène de la Porte-Saint-Martin.

L'auteur avait choisi le principal personnage de son œuvre dans l'innombrable famille des scélérats vertueux, des coquins amendés ou repentants, dont l'*Honnête Criminel* de Fenouillot de Falbaire est le prototype.

Grâce à Frédérick Lemaître, la pièce eut un assez grand nombre de représentations.

Jean-Pons-Guillaume, que nous avons vu jadis trancher du jacobin, n'accorda pas la moindre sympathie à la seconde République.

Elle lui enleva son siége au Luxembourg, et, sous prétexte d'organiser le travail, elle y fit asseoir à sa place un hôte populaire à l'épaisse encolure et aux mains calleuses.

M. Viennet trouva le procédé blessant.

Il résolut de combattre ces butors de socialistes, et les fables allèrent leur train.

Chaque soir, dans le monde, il en lisait

une nouvelle. De temps à autre, l'*Assemblée nationale* en imprimait quelques-unes. Jean-Pons est persuadé que la mort du socialisme est son ouvrage.

Le jour de la réunion de l'Assemblée législative, il rencontre sur le quai Voltaire le vieux Kératry, son ancien collègue à la Chambre haute.

Devenu représentant du Finistère, Kératry s'en allait présider l'Assemblée par droit d'aînesse.

Il n'aimait pas notre homme, et cherchait à l'éviter.

Néanmoins il ne put y réussir. Viennet profita de l'occasion pour lui réciter une demi-douzaine de ses fables les plus anti-révolutionnaires.

— Ah ! mon cher ami, lui dit-il, suivez mon exemple : montrez-vous implacable pour ces bêtes féroces !

— N'ayez pas peur... Mais, ajouta Kératry, ne sachant plus sous quel prétexte lui échapper, laissez-moi, car ils manqueraient de doyen d'âge.

Une des dernières aventures de Jean-Pons fut sa querelle avec l'*Illustration*.

Ce journal lui avait attribué un apologue ayant pour titre les *Singes et le Radeau*, « croyant, disait-il, y retrouver le tour ingénieux et caustique auquel M. Viennet doit, à l'Institut, le succès de ses lectures. »

Jean-Pons protesta violemment.

Il jura qu'une telle fable n'était jamais sortie de sa plume.

A l'entendre, l'*Illustration* avait commis une erreur volontaire. L'accuser d'écrire dans l'intérêt de l'anarchie et pour le triomphe de ses fauteurs, quel indigne mensonge !

> Non, jamais, à coup sûr, il n'avait mérité
> Ni cet excès d'honneur, ni cette indignité.

Ce fut Jean-Pons lui-même qui remania pour son usage personnel ces deux vers du poëte.

L'*Illustration* répliqua, disant qu'elle connaissait enfin le véritable auteur de l'apologue ; mais qu'en l'attribuant à l'ex-pair de France elle n'avait point commis d'indignité, pas plus que si elle eût mis par erreur *Athalie* au compte du père d'*Arbogaste*.

Elle menaça Jean-Pons de lui attribuer quelque jour une fable de la Fontaine.

« Il ne se souviendra pas de l'avoir lue, ajouta-t-elle, ou peut-être ne l'aura-t-il jamais lue : il protestera, et, s'il a le malheur de la trouver moins bonne que les siennes, alors nous nommerons l'auteur. »

Viennet, si calme et si impassible en apparence devant les attaques multipliées du *Charivari* et du *Corsaire*, se fâchait quelquefois pour beaucoup moins.

Le bruit de son duel avec Thiers avait quelque vraisemblance.

Un instant on put croire que nos deux grotesques allaient se manger l'un et l'autre, absolument comme ces deux loups dont parle la chronique normande, et qui se dévorèrent jusqu'au bout de la queue, inclusivement.

Nous devons dire, pour être juste, que Thiers eut les premiers torts.

Apprenant qu'on avait charivarisé Mirabeau-Mouche en Provence, Viennet compatit vivement, par intuition sans doute, à un malheur qui devait bientôt le frapper lui-même.

Il se hâta d'adresser à son triste collègue une *Épître* en guise de consolation.

Thiers y répondit par le quatrain qui suit :

> Quoi ! partout des charivaris
> Viendront me déchirer l'oreille !
> Les sifflets du peuple à Marseille,
> Les vers de Viennet à Paris !

C'était sanglant.

L'épigramme, au sens de chacun, valait une balle ou un coup d'épée. Jean-Pons-Guillaume crut vaincre plus facilement Picrocole à coups de langue.

Hélas ! quelle présomption !

— Je cherche, depuis trois quarts d'heure une rime à *Foutriquet,* lui dit-il un jour, à la buvette de la Chambre, devant trente ou quarante ventrus. Aidez-moi donc un peu, je vous prie.

— Très-volontiers, *Bourriquet!* répondit Thiers.

Ce fut le coup de grâce. Jean-Pons-Guillaume ne se releva plus.

FIN.

Monsieur,

Je me ferai un devoir et un plaisir de me rendre à votre honorable invitation, et d'assister au banquet donné par les vrais amis de la monarchie constitutionnelle aux députés qui en ont soutenu les principes. Veuillez en remercier chez les commissaires et agréer pour vous l'assurance des sentiments distingués avec lesquels j'ai l'honneur d'être

Votre très humble
Et très obéissant serviteur
Viennet

OUVRAGE COMPLET

LES CONFESSIONS

DE

MARION DELORME

PAR

EUGÈNE DE MIRECOURT

CONDITIONS DE LA SOUSCRIPTION.

Les *Confessions de Marion Delorme*, par Eugène de Mirecourt, formeront 2 vol. grand in-8° jésus.

20 gravures sur *acier* et sur *bois*, tirées à part, dessinées et gravées par les meilleurs artistes, il-

lustreront cet ouvrage, qui sera publié en 60 livraisons à 25 cent.

Chaque livraison contient invariablement 16 pages de texte. Les gravures sont données en sus.

Une ou deux livraisons par semaine.

L'ouvrage complet 15 francs.

ON SOUSCRIT A PARIS

Chez GUSTAVE HAVARD, Éditeur

15, rue Guénégaud, 15

Et chez tous les Libraires de la France et de l'étranger.